素食50問

學佛入門Q&A

法鼓文化編輯部 編著

〈導讀〉

素食保平安

我自從學佛受持五戒後，就純素飲食至今已有二十五年了。由於我確信素食是自利利人的菩薩道，不但有益身心健康，也能實踐環保生活，所以非常樂於應邀演講與推廣素食飲食。

由於從事腸癌的治療與研究，發現罹患腸癌與肉食習慣非常有關，所以病人如能素食，我會鼓勵他們盡量純素素食。雖然我的口頭禪是：「吃素最健康。」但其實很多醫院的醫護人員，由於看多了因肉食而罹癌的病患，不用特別介紹就自動改爲素食了。

我主刀癌症手術已超過六千個病例，這讓我更加確信，如果不改變肉食的飲食習慣，很難獲得健康，如果能從我們的餐桌試著開始素食起，會是最佳的保健之道。

《素食50問》一書透過四大單元：大家一起來吃素、心的素食有禪味、健康環保護地球、安心素食好食在，介紹素食的理由、歷史源流與發展，分享禪心素食、環保素食的種種方法，化解一般人對素食的疑惑。

由於本書已分享素食的種種益處，所以我想由醫生的角度，進一步說明肉食對身體的害處，這也是爲什麼我建議人們要素食，因不只是「保健」，也可以說是「保命」：

肉食含致命的致癌物

我發現腸癌患者，均喜歡吃燒烤肉食，特別是香腸、臘肉、火腿，這樣的飲食喜好與引發腸癌關係密切。肉類經過高溫油炸、燒烤後會產生致癌物：異環胺與多環芳香烴，一公斤燒烤紅肉的致癌物含量，約等於六百根香菸的含量，而吃一支烤雞腿，約等於吸八十根香菸。如果在食用前能多想一想，或許就能拒絕美食的致命誘惑。另外，加工肉類會添加致癌的亞硝酸鹽，再加上環境工業的嚴重汙染，動物性食品容易經由食物鏈的濃縮作用，累積許多環境致癌物質。因此，素食即使不一定讓人長命百歲，確實比較讓人安心食用。

素食能避免腸道菌叢失衡

肉類普遍含有抗生素，所以長期肉食，等於長期吃抗生素，會造成腸道菌叢失衡，使腸道原生有益菌，如雙叉桿菌、乳酸菌等，消失殆盡，而腐敗菌增生。腐敗菌會產生許多毒素，造成「慢性自我中毒」，進一步產生「腸漏症候群」，初期先使腸子蠕動遲緩、無力，產生腹痛、脹氣症狀，而後毒素會進入全身循環系統、神經系統，嚴重威脅健康。如能素食，多攝取新鮮水果、高纖蔬菜與穀類食物，就能幫助腸道蠕動，只要不便祕、正常排便，便有益健康。

素食能讓酸性體質轉為鹼性

長期的過量肉食習慣，會導致酸性體質，而酸性體質正是造成種種疾病的罪魁禍首，會降低新陳代謝能力，血液變得黏稠、含氧量減少，末梢循環不良，產生手腳冰冷、肩膀僵硬、全身倦怠、昏沉嗜睡、記憶力減退等症候。肉食容易形成慢性病，讓人免疫功能退步，抗癌能力下降，這些情況無法靠醫藥或手術來根治，一定要改善飲食，身體才能復原。素食的飲食習慣，能讓體質慢慢轉爲鹼性。

而從環保的角度來檢討肉食的飲食習慣，肉品公司爲了大量生產肉類，使用難以計量的穀物、水能源與放牧區土地。面對全球的糧食缺乏困境，人類卻還在浪費植物糧食，將全球百分之四十、全美產量百分之七十的穀物，都餵給牲畜。如果能夠想一想，只要少吃一塊牛肉漢堡，可挽救四十個第三世界挨餓的兒童，選擇素食，就不會是個困難的決定。

畜牧業與養殖業造成的環境汙染問題，如水汙染、空氣汙染、土壤汙染等等，已經嚴重威脅到全體人類的生存，沒有人可以置身事外。如果現在不開始面對問題，思考改變肉食習慣的方法，不只我們自己會自食惡果，也無法留給下一代充滿希望的未來。

《素食50問》呼籲大家一起來推廣新飲食文化運動，即是中醫所說的「上醫治未病」，不必麻煩醫師，也不必額外花錢就可以做到。素食是一種尊重生命的高尚行為，不僅可以自利：使身體更健康，提昇免疫力，預防癌症；也可以利他：減少汙染，改善地球環境，避免糧食浪費，救援貧困國家，如此一舉數得，何樂而不為呢？

王輝明
中國醫藥大學附設醫院外科部副主任

目次

2 心的素食有禪味

3 健康環保護地球

4

安心素食好食在

1

大家一起來吃素

Question

01

爲什麼要吃素？

素食已成全球飲食風潮，但是同樣吃素，原因可能不盡相同，有人是因爲信仰；有人爲了還願；有人爲了瘦身或健康；也有人是爲了環保或人道。

願意發心素食

佛教認爲一切衆生皆有情，因爲有情，所以戒殺，不能傷害、殺害動物，所以不吃肉。而在《楞伽經》中，更清楚闡述了戒律和素食生活之間的關係：「菩薩爲護衆生信心，令於佛法不生譏謗，以慈愍故，不應食肉。」

諸佛菩薩要成佛都必發菩提心，簡稱爲發心，即是〈四弘誓願〉：「衆生無邊誓願度，煩惱無盡誓願斷，法門無量誓願學，佛道無上誓願成。」因此，佛教徒學佛，也要與諸佛同心同願。既然發願「眾生無邊誓願度」，如何能食用我們要救度的眾生肉呢？在尚未悟道，有解救眾生出離生死輪迴的能力前，我們至少能爲眾生試著發心素食：「但願眾生得離苦，不爲自己求美食。」

素食能讓世界更美好

如果我們能感同身受，將心比心，從宏觀的角度來看世界，將會發現素食對改善地球環境汙染有很大幫助。我們活在一個多重危機的時代，許多人相信日漸嚴重的環境問題，將威脅我們生存的地球。人類爲了吃肉而飼養動物，已造成許多生態問題。

對現代人而言，健康逐漸成爲擁護素食最具說服力的理由，吃素已經不再是宗教的專利。佛教主張素食的原因，雖然並非是爲了自身健康做爲考量，而是以不殺生、不傷害動物，尊重萬物生命的慈悲爲出發點；佛教素食更具有解除眾生

（李宛蓁　攝）

痛苦，拔除身心苦惱的功能，可說是一種淨化人心的心靈環保。而我們自己藉由素食，更能由內而外，達到身心健康的功能。

展開素食好生活，除了愛護自己，尊重生命，更可以爲地球的美好未來盡一分心力。

Question

02

蔬食就是素食嗎？

近年來蔬食餐廳如雨後春筍般興起，跨國界的創意料理，讓人擁有多元的選擇性，所以原本不習慣素食和非素食的的朋友也逐漸能接受。

蔬食和素食內容不同

但是，蔬食並不等同於素食，素食者除不食用肉類，也不能食用含有蔥、蒜一類五辛與酒精成分的料理，純素者則不食用含有奶、蛋成分的餐飲。因此，蔬食餐廳並不等同於素食餐廳，蔬食餐廳的興起，是因為社會大眾的健康與環保意識抬頭，有愈來愈多人喜歡蔬食。可是，也確實藉由蔬食餐廳的流行風潮，讓推廣素食變得更為容易。

（周禎和　攝）

留意菜單的餐飲說明

通常大部分的蔬食餐廳，會提供奶蛋素、全素等不同素食需求的餐飲選擇，但是有的料理無法改爲純素。因此，點餐時要先留意菜單上的說明，是否爲五辛素而無法改爲純素。如果未特別留意，純素者可能會在誤食後才發現，原來料理含有蔥、蒜，甚至還有料理用酒。特別是西式料理，店家有時候會忽略了純素者不吃洋蔥。

Question

03

佛陀未素食，佛教徒爲何要素食？

原始佛教時代的出家人都是沿門托缽，過著所謂「一缽千家飯」的飲食生活，供養者供養什麼就接受什麼，沒有選擇與挑剔的餘地，只要不是特爲某一些托缽者而殺，縱然有魚、肉等食物，也不拒絕。

不選擇托缽的對象

出家眾不選擇托缽的對象，也沒有所謂潔淨或不潔淨，神聖或不神聖的飲食禁忌，爲的是一律平等、廣結善緣、消融自我。因此，佛陀並未素食，也未規定當時的佛弟子要素食。

但是，基於慈悲的立場，素食是佛教所強調和鼓勵的。因爲肉食有傷慈悲，所以大乘經典如《梵網經》、《楞嚴經》等都強調素食，嚴禁肉食。素食是中國佛教的特色，有些人因佛陀未規定素食，又見南傳佛教與藏傳佛教修行者也未吃素，認爲中國佛教徒其實也不妨食肉，這是很大的誤解。

托鉢與大眾廣結法緣

沒有任何一個佛教宗派會認同修行者爲口腹之欲而食肉，佛陀未規定素食，是爲適應印度當時的乞食文化，方便透過托鉢與大眾廣結法緣。南傳佛教如斯里蘭卡、緬甸、泰國等上座部的佛教區域，仍保留著佛陀當年古風，過著沿門托鉢的生活，無法挑選食物，所以不規定必須素食。雖然未規定素食，但規定不能食用爲自己宰殺的肉食，以避免動物因此而犧牲生命，這是佛教根本的慈悲精神。

Question

04

中國的素食文化起源爲何？

中國素食的起源，很多人以爲與佛教有關，其實，在佛教尚未傳入之前，中國已經有素食的觀念。

祭祀齋戒表崇敬

中國素食的歷史悠久，可溯源至先秦時代，每逢祭祀及日蝕、月蝕等特殊天象，或是重大天災，都有齋戒的習慣與制度。

《禮記．表記》有言：「齊（齋）戒以事鬼神。」在舉行祭天祀神的大典前，必須要先沐浴、更衣、戒酒、素食等，以表示對祖先的崇敬、對鬼神的敬畏態度。

素食是一種美德

中國的傳統文化，受到老莊清淨無為的哲學影響，強調清心寡欲的飲食重要，認為素食可以養性修身。道教思想相信清淨的素食，有助於追求長生不老、得道成仙，利於成就道果。

中國最早的醫學典籍《黃帝內經》，也提倡「五穀為養、五果為助」的飲食觀念，視素食為一種美德。許多崇尚自然的文人隱士，則認為吃素可以淨化心靈，使人氣清，因而虔心奉行素食。

由於中國有歷史悠久的素食文化，所以能為南朝梁武帝蕭衍（西元四六四—五四九年）全面推廣素食，奠定了發展的基礎。

（周禎和　攝）

Question 05

中國佛教素食從何時開始？

佛教傳入中國時，並未規定素食，直到南朝梁武帝力主僧人食素，才成功推行佛教全面素食，自此以後，素食就成為中國佛教的特色。

皇帝菩薩頒布〈斷酒肉文〉

梁武帝是一位虔誠的佛教徒，曾三次捨身出家，外號「皇帝菩薩」。他廣修寺院，宣揚佛法不遺餘力，卻見當時的僧尼奢侈放逸，決心改革佛教風氣，頒布〈斷酒肉文〉，規定僧人皆不得食肉，必須素食。

〈斷酒肉文〉的內容，記載梁武帝親自主持的二次制斷酒肉法會，以及他與大臣周捨論斷酒肉的五道敕文。第一次會議召集當時的僧尼一千四百八十八人，於華林園華林殿舉行制斷酒肉會議。梁武帝與僧眾共同立誓約定斷食酒肉，若自己違犯約定，將受極大惡報；若僧眾違犯，則依《涅槃經》規定命其還俗，然後將再以王法驅逐。

以佛經為根據斷酒肉

由於有僧眾不服梁武帝之制，所以又召開第二次制斷酒肉法會敕請僧尼參加，對佛學研究甚深的梁武帝，親自與三位知名律師對談，他思慮周密提出五十個問題，透過三位律師的回答，明辨各種錯誤見解，強調自即日起斷酒肉。

當日晚間，梁武帝繼續與周捨論說斷酒肉事，而完成五道敕文。第一道：駁斥法寵法師言論；第二道：駁斥僧辯律師言論；第三道：闡明食肉之過，非僧人所應行；第四道：學問僧食肉，解義而未如實修行，罪過更大；第五道：菩薩人持心戒，無有食眾生道理。

（吳瑞恩　攝）

梁武帝不但頒布〈斷酒肉文〉，自己也以身作則，日食一餐只茹素，從此開啓了中國佛教素食歷史新頁。

Question

06

佛教素食主張以什麼經典為依據？

漢傳的大乘佛教經典，如《楞伽經》、《涅槃經》、《楞嚴經》、《梵網菩薩戒經》皆強調素食，說明食肉的惡業與不食肉的功德。《華嚴經》中，佛陀告訴迦葉尊者說：「一切眾生食肉者，斷大慈種；不食肉者，有大功德，百千萬分不如其一。」

食肉者，斷大慈種

《涅槃經》說：「善男子，夫食肉者，斷大慈種。」《梵網經菩薩戒本》更強調說：「一切肉不得食。斷大慈悲性種子，一切眾生見而捨去，是故一切菩薩，不得食一切眾生肉，食肉得無量罪！」

大乘佛教勸人不食肉，是因衆生在六道輪迴中，皆爲過去世眷屬，應不忍食用。如《梵網經菩薩戒本》說：「六道衆生，皆是我父母，而殺而食者，即殺我父母，亦殺我故身。」

食肉難解脫生死

《楞嚴經》提到，即使修行悟道，如果食肉仍不得解脫生死：「汝等當知，是食肉人，縱得心開，似三摩地，皆大羅刹，報終必沉生死苦海，……云何是人得出三界？」如《楞伽經》說：「斷我法輪，絕滅聖種，一切皆由食肉者過。」因此，大乘佛教認爲修行者要斷除肉食。

佛法即是心法，如果心中常有食肉欲想，會有傷慈悲心。現代生活豐衣足食，素食生活非常方便，如能素食，自然有助於修道。

Question

07 什麼是素食主義？

素食主義「Vegetarianism」一詞，遲至十九世紀末才普遍使用，意指一種讓人活力充沛、生氣蓬勃的飲食與生活方式。

無肉的飲食型態

素食主義被定義為無肉的飲食型態。素食主義者「Vegetarian」的英文字源來自拉丁文「Vegetus」，純素則稱為「Vegan」。以食物選擇來區分，素食主義概括許多種類的飲食型態，包括蛋素、奶素、奶蛋素、純素等等。

素食主義是覺醒的生命態度

素食主義不只是素食者的一種飲食方式，更是素食者所支持的生活態度。為

（李宛蓁　攝）

了保有身心的全面健康，素食者認眞面對自己的飲食，對待生活的各個面向隨時保持清楚覺醒，不但自覺性地不食肉，也不使用含有動物性原料的物品，遠離菸、酒等飲品，以活出清淨自在的人生。

Question

08

西方國家的素食起源爲何？

在西方，素食受到歐洲貴族及文化界、思想界菁英的青睞，素食者被認爲具有高貴的「貴族氣質」。西方素食者強調自然和諧的生態觀，與人道主義的關懷；認爲素食能爲人們帶來和平的思想觀念，並且指引了一個更好的生活方式；素食的普及，有利於建立一個更美好、更公正的共同社會。

西方素食主義之父

西方最早有文獻記載的素食提倡者，是古希臘的哲學家與數學家畢德哥拉斯（Pythagoras，西元前五八〇—五〇〇年），有「西方素食主義之父」之稱。西方世界只要提到不食肉者，大多會被歸爲「畢氏信徒」。對畢氏信徒來說，吃素是基於道德的考量，認爲素食是一種潔淨的生活，能讓人得到純淨的智慧。直到二十世紀初，在西方的素食生活方式都被稱爲「畢德哥拉斯主義」的實踐者。

世界知名的素食名人

西方許多著名人物，也都選擇素食，包括古希臘哲學家柏拉圖（Plato）、義大利藝術家兼科學家達文西（Leonardo da Vinci）、德國科學家愛因斯坦（Albert Einstein），及法國思想家伏爾泰（Voltaire）、盧梭（Jean-Jacques Rousseau），與英國詩人雪萊（Percy Bysshe Shelley）、愛爾蘭作家蕭伯納（George Bernard Shaw）等，均對世界歷史有莫大影響力。對西方人而言，素食與崇尚智慧的傳統緊密相連，意味著一種有益身心健康的飲食方式。

（李宛蓁　攝）

Question

09

歐美國家素食運動發展如何？

歐美國家的素食運動發展蓬勃，與素食主義的推廣有很大關係。

自古希臘時代之後，自願茹素者漸漸減少，但是到了十九世紀末，素食主義再度於歐洲及美國蓬勃發展。

改革運動旋風

英國於十八世紀下半葉發起「工業革命」，為反對工業化的社會變革，十九世紀發起生活改革運動，改革重點在「回歸自然」，人們於身心方面趨向慈悲。法國哲學家盧梭是這股潮流的精神領袖，主張簡單、合乎自然的生活，並且呼籲人們選擇素食，強調健康與全營養的飲食。

素食主義運動正式誕生於西元一八〇九年的曼徹斯特（Manchester），當時一些聖經基督教會（Bible Christian Church）成員共同發誓禁食酒肉，這個修行團體並於西元一八四七年脫離教會，成立素食者學會（Vegetarian Society），從此以後，素食主義運動也開始風行在其他國家，許多西方國家都相繼成立自己的素食協會。例如西元一九〇八年，國際素食聯盟（The International Vegetarian Union，簡稱IVU）誕生，在德國的德勒斯登（Dresden）召開第一次世界素食大會，致力於在全世界推行素食主義。

美國的素食運動

美國傳教士威廉．梅特卡夫（William Metcalfe）和葛拉罕（Graham）醫師於西元一九五〇年一起創辦美國的素食者協會，帶動了十九世紀美國素食運動。美國的艾倫．懷特（Ellen G. White）夫人對於提倡素食主義也功不可沒，她創辦的基督復臨安息日會（Seventh–day Adventist Church），自西元一八六三年即提倡素食至今。

隨著西元一九七一年法蘭西斯．莫爾．拉佩（Frances Moore Lappé）《一座小行星的飲食》（*Diet for a Small Planet*）、西元一九八七年約翰．羅賓斯（John Robbins）《新世紀飲食》（*Diet for a New America*）的出版，則讓二十世紀美國人對肉食習慣產生省思，也讓素食運動重心從歐洲轉到美國。同時，彼得．辛格（Peter Singer）的《動物解放》（*Animal Liberation*）一書，揭露動物在農場和實驗室所受的虐待，更推波助瀾推動素食運動。

目前，英國的素食人口居全歐洲之冠，其次是德國。推廣素食的運動，已從歐洲發展到世界各國，形成一股全球主流飲食的趨勢。

Question

10 各宗教素食態度爲何？

世界上的主要宗教，多有素食主義的主張，傳達了對於所有生命的尊重與平等觀。

慈悲為懷

印度教是歷史非常悠久的古老宗教，以輪迴轉世的教義爲出發點，主張素食。關於不殺生的原則，最早則見於《吠陀經》（*Veda*），意指不以暴力傷害所有生命。

佛教、基督教、伊斯蘭教是世界三大宗教，很多人會將素食與佛教劃上等號，而世界上素食人口最多的宗教，確實也是佛教。佛教是基於慈悲爲懷、因果觀念，不忍眾生受苦，而鼓勵素食。

尊重生命

伊斯蘭教教人尊重所有生命，《可蘭經》（*Quran*）就指出：「世上所有的生命都不可傷害。」

擁有最多信徒的基督教，在《舊約聖經》（*The Old Testament*）中有許多指示，要人尊重與慈悲對待所有生命。《聖經》（*Bible*）中所描述的理想社會是伊甸園（The Garden of Eden），伊甸園裡的亞當（Adam）、夏娃（Eve）就是茹素的。

而在猶太教的戒律中，則提到要愛護動物，並且相信素食能夠提供人們潔淨的飲食。

不論這些世界宗教的教理與修行方法有何不同，素食都是讓人生與世界變得更美好的生活方式。

Question 11

中國古代有素食食譜嗎？

中國古代談論飲食的書籍很多，但是流傳的素食食譜很少。據目前發現的資料，大約在南北朝時期北魏農學家賈思勰的《齊民要術》已收錄了素食食譜，這本書是目前發現的中國最古老的農書，收錄豐富的中國飲食資料，被稱為「農業百科全書」。

食療養生研究風氣盛

唐代是佛教發展的黃金時期，素食大為風行，很多信衆都長年吃齋茹素，所以有豐富的食療的研究資料。唐代孟詵所著的《食療本草》，被稱為中國第一部食療專著，所記載的二百六十多種食療材料內容，素食約占半數。唐代醫家昝殷的《食醫心鑑》也是關於食療養身的著作，收錄一些素食食譜。

但是《齊民要術》、《食療本草》、《食醫心鑑》皆非素食專著，直至宋代才有較完整、較有系統的素食食譜。不論北宋的汴京、南宋的杭州，都有專營素食的店鋪，素食成爲人們喜好的飲食。在宋朝吳自牧著作的《夢粱錄》裡，便記述汴京多達上百種的素食。

素食食譜專書

宋代林洪的《山家清供》記載一百多種食品，大部分爲素食，他的另一本著作《茹草紀事》，則介紹很多素食典故與傳聞。宋代陳達叟撰寫《本心齋疏食譜》的動機，是因他招待朋友蔬饌後，得到無人間煙火氣的讚美，向他索取食譜，所以他便口授二十品素食料理作法。

清末的素食食譜專書《素食說略》，作者是清代宣統時翰林院的侍讀學士薛寶辰。薛寶辰篤信佛教，崇尚素食，自辛亥革命後，閉門謝客，著書立說。《素

（李宛蓁　攝）

食說略》按類別分爲四卷，不但介紹清朝末年流行的一百七十多款素食料理方法，並介紹素食觀念。薛寶辰認爲：「素食不但可以增口福，又可以增加人們的清福，讓素席勝似盛筵。」

透過素食食譜的資料研究，我們不但可窺探古人的素食飲食內容，也可從中看出素食的發展脈絡。就飲食文化來看，這些文字記載都是珍貴的寶庫。

Question

12

藏傳佛教徒不吃素嗎？

藏傳佛教因西藏位處青藏高原，交通偏僻，環境嚴酷，難以種植蔬菜、穀物等農作物，所以需要肉食爲糧食。但是他們的肉食來源，也謹遵佛陀教誨不自殺、不教他殺、不見殺隨喜，不親自或令人爲自己宰殺動物。不只大乘佛教經典不允許食肉，密宗的經典也是，雖然有的密宗修法需要酒肉，但是修持者必須要具有超度衆生的力量，非入門者能力所及。

不只許多古代藏傳佛教上師都立誓素食，隨著時空轉移，藏傳佛教傳播至全球後，素食的條件因緣成熟，很多藏傳佛教上師都開示與撰文勉勵修行應當素食。因此，不應誤解藏傳佛教修行者皆未素食。

（李蓉生　攝）

Question

13

韓國寺院素食嗎？

很多人以爲韓國沒有素食，其實韓國不但有素食餐廳，傳統寺院的正統飲食，也是純素飲食。

朝鮮三國時代全民素食

韓國料理又稱韓食，寺院飲食也屬於傳統的韓食。自從佛教由中國傳入新羅、百濟、高句麗成爲國教後，便長期禁止食肉，採行純素飲食。而在此同時，中國的豆腐作法也隨佛教一起傳入，設立專門製作豆腐的造泡寺。

寺院料理不含五辛

韓國正統的寺院料理爲純素飲食，不含五辛和酒。例如韓國禪宗寺院自傳入

「百丈清規」後，僧人不但親自耕種與烹煮，傳統的醬料、醬菜，也由僧人自製，不含五辛與酒的成分，這種傳統一直流傳至今。

隨著蔬食文化的興盛，以及健康環保意識的影響，有愈多愈多韓國民眾喜歡到寺院品嘗素食。因此，一些韓國寺院近年也舉辦飲食文化體驗活動，開放給遊客與民眾學習親手做素食料理，讓更多人能夠有機會認識韓國寺院風味純樸的正統飲食。

Question

14

精進料理是素食嗎？

精進料理是日本的素食料理，不含肉食。「精進」一名，源自佛教的修行方法「八正道」：正見、正思惟、正語、正業、正命、正精進、正念、正定八項，正精進是策勵自己，努力於道業。因此，精進料理也有用功辦道不放逸的意思。

道元禪師的飲食理念

精進料理起源於平安時代的寺院僧人飲食，發展至鎌倉時代，日本曹洞宗的創始人道元禪師（西元一二〇〇－一二五三年）正式確立精進料理的理念，他於宋代留學中國時，學習禪宗的飲食文化，認爲無論烹調或用餐皆是修行，形成日本的精進料理。

透過料理來修行

寺院負責飲食職務的工作，稱爲「典座」，掌廚者則稱爲「典座師」。道元禪師在〈典座教訓〉中，提醒典座師在料理時要具有六種心意：道心、供養心、功夫心、喜心、老心、大心，勉勵透過料理來修行的方法。在〈赴粥飯法〉中，則介紹和進餐時僧侶應遵守的禮儀。

精進料理原是寺院僧人用的飲食，如今一般人也可在餐廳享用，但是要留意的是，坊間餐廳的精進料理，可能含有料理用酒，或非純素的食材，需要留意。

（王育發　攝）

2

心的素食有禪味

Question

15

什麼是心的素食？

「學佛後要不要開始素食？」是很多初學佛者很難決定的事。佛教鼓勵人素食，除了慈悲護生，主要是希望發心學佛的人都具有一顆清淨善良的「素心」。因此，素食最重要的不在於食物本身的清淨度，而是心的清淨度。

以什麼心用餐

同樣的一餐飯，我們是以煩惱心來用餐，或是清淨心來用餐呢？除了鹽、糖的調味料外，是否也加入了喜、怒、哀、樂的情緒調味，而有不同的滋味？甚至因此覺得食不知味？

有的人可能因爲餐廳菜裡誤加了蔥、蒜，而生氣拒吃。重要的或許不是食用與否，而是心裡起了煩惱難以釋懷。也有的人因為葷、素同桌，難以適應葷菜的味道，而坐立難安，讓同桌的人感到尷尬。如此一來，再美味的料理，也難以用心品嘗。

所謂「佛觀一粒米，大如須彌山」，布施之恩無量大，用餐時應心念「一粥一飯，當思來處不易」，畢竟一餐飯從播種、灌溉、收割、運送、銷售、採買、烹調……，都是來自所有因緣共同奉獻。如能體念成就這一餐的種種因緣，便能調伏煩惱心，以慚愧心、感恩心受食，進而提起修道心。

看清自己的心

素食的心是簡約清淨的，是少欲知足的。雖然要以平等心對待每一道料理，不因個人口味喜好而挑食，喜歡的多吃一點，討厭的少吃一點，確實並不容易。但是在用餐時，至少能練習看清自己的心，到底是什麼在左右我們的心？

（鄧博仁　攝）

心或許無法透過素食，而立即清淨，但是願意試著吃素的一份心意，這樣的善良心意，一定能讓心更柔軟、更光明。而用餐時能有感恩心、惜福心，不論所食的是葷是素，都是一顆清淨的素心！

Question

16

素食對清淨食欲煩惱有何幫助？

佛經說：「一切有情，皆依食住。」飲食是每個人每天不得不面對的問題，但對修行者來說，飲食也是修行的契機。修行的目的就是解脫生死，從飲食中解脫，不讓自己被飲食綁住，也是修行的重要法門。

不為食欲煩惱所惑

「到底要吃什麼？有什麼好吃的？」讓很多人每天都感到煩惱。現代人都知道很多食品添加物傷身不健康，不宜食用，卻無法拒絕美食誘惑，甚至感冒生病時，明明知道不能吃刺激食物，卻也無法自制。因飲食而產生的種種煩惱，讓人感到左右爲難。

（李宛蓁　攝）

素食也是一種修行方法，如能依法觀察自己飲食的心念、行爲，不貪著色、聲、香、味、觸等五欲，將能讓心恢復清淨智慧，培養定力，不爲煩惱所惑。

茹素能持之以恆，定力一定會增長。例如當感冒想吃麻辣鍋時，清楚這只是一個妄念；當運動後想吃冰時，清楚這只是一個妄念；當半夜想吃消夜時，清楚這只是一個妄念，便不會因不當食而食，產生煩惱後患。

飲食皆因緣和合而成

佛教說「貪爲苦本」，再美味的飲食只要過量，食用過量就會感到積食難消之苦。飲食要少欲，卻並非什麼都不要，而是吃得多也知足，吃得少也知足，能隨緣自在、隨遇而安。父執輩一代可能因幼年生活清苦，所以「豐衣足食」便成爲美好生活標準，但對重視健康養生的現代人來說，「足食」應非餐餐豐盛美味，而是能夠感恩滿足。

素食者的心安定，知道每一餐的因緣變化無常，因緣具足不易，所以不論面對美食、粗食，都會以感恩心歡喜接受。

Question

17

素食對禪修有何幫助？

佛經說：「一切有情，皆依食住。」飲食是每個人每天醒來不得不面對的問題，但對禪修者來說，飲食也是修行的契機。修行的目的就是解脫生死，從飲食中解脫，不讓自己被飲食綁住，無疑是修行的第一步。素食的飲食態度與內容，正能幫助禪修者藉由每天的飲食觀照身心，逐漸改變自己，利益他人。

身安則道隆

所謂「身安則道隆」，禪修必須調五事——調飲食、調睡眠、調身、調息、調心，其中「調飲食」被列爲第一件要做的事，可見其重要性。身心是互相影響的，身體如不調和，便難以調伏心。禪修者的飲食，宜簡單天然，不刺激身心，所以最好能選擇素食。

禪修時，身體如果容易感到疲勞或全身痠痛，原因除因身心緊繃未放鬆外，飲食失調也是一大關鍵。現代人常因食用過多含化學添加物的肉食、奶蛋等高脂肪及高度酸性食物，導致味覺和神經系統遲鈍，讓身體變得疲憊不堪，連帶修行也使不上力。素食能讓人身體舒暢輕鬆，心靈平靜穩定，身心能夠放鬆，禪修自然得力，因為心安定了，妄念自然少了。

禪觀飲食

禪修者的飲食心態非常重要。飲食用量的多寡不但影響身體，也會影響心。因此，用餐的時候，要避免因食物量而起了貪多、貪味的念頭，要明白所有飲食都是眾緣和合而成，得來不易，心懷感恩，精進修行以報眾生恩。

清淨的素食料理，使用天然的食材烹調，不過度調味，能幫助禪修者在觀照飲食時，較心無雜念，更專注於用餐當下，觀照身心的微妙變化。

（吳瑞恩　攝）

若能藉由每天的飲食中觀照身心，逐漸改變自己，利益他人，可說是修行者的食之大計，能眞正禪悅爲食，法喜充滿。

Question

18 什麼是吃飯禪？

你會吃飯嗎？乍聽之下這或許是個愚蠢的問題，但仔細回想自己平日究竟是怎麼吃飯的？囫圇吞棗還是細嚼慢嚥？一般人吃飯的時候經常是一心二用，邊吃飯邊看報或者談話，偶爾趕時間連吃一頓飯也變得緊張而難以放鬆，往往一餐之後，連自己吃下了什麼都不清楚，即使美食當前，也可能食不知味。

放鬆、清楚、專注地吃

聖嚴法師曾分享簡單的吃飯方法：掌握「動口不動手，動手不動口」的原則，亦即當口在咀嚼時，手就不挾菜，當一口吃完後，再專心挾菜，若能以全身放鬆，歡喜感恩的心情，清楚挾菜、咀嚼、吞嚥的每一個動作，清楚每一口飯、菜緩緩咀嚼和吞嚥的感覺。唯有放鬆、清楚、專注地吃，才能吃得健康，也吃出食材的

（周禎和　攝）

原味。

然而，再簡單的方法，仍需要親自體驗與練習，才能成爲有用的生活習慣，才能感受到吃飯的禪滋味。

食在當下

當心回到單純吃飯的動作與當下，便能感受到用心飲食的禪味。如果可以利用三餐飲食的機會，吃飯時專心吃飯，心無二用，吃飯也能化解生活壓力，調整不安的身心，產生安定的力量，每一餐都將是補充身心營養的禪修好時機。

Question

19 用餐如何禮儀環保？

很多人用餐時常喜歡交談：「這菜好吃，多吃一點！」「這菜怎麼煮得這樣難吃！」「不要只挑愛吃的，偏食不好！」「吃飯不要玩手機！」你是否能觀照到自己的心情正隨之起伏不定？

用餐禮儀原則

即使是與家人聚餐，餐桌上的禮儀仍不能少，掌握以下幾點用餐原則，便是實踐禮儀環保。

進餐時：

1. 放下手機，關掉電視，專心吃飯。
2. 坐姿端正，與餐桌保持適當距離。

（李宛蓁　攝）

3. 一手端碗，一手拿筷，用餐時不發出噪音。
4. 進餐時應和諧快樂，細嚼慢嚥，且不需要勸菜。
5. 不挑菜、不偏食，不眼看這道菜，手又拿別道菜，專注吃飯。
6. 吃多少拿多少，不因有自己喜歡的菜色而多拿，養成不過量的好習慣。
7. 口中有食物時，不說話。

清淨的身儀、口儀、心儀

以上幾點看似簡單，但每項都很重要，不僅攸關用餐禮儀，其實都是時時在觀照自己是否「會吃飯」，從吃飯中看到自己的「起心動念」。例如看到喜歡吃的菜，是不是想多挾一點？此時是否觀照到自己的「貪」？當咀嚼時，是否生起好惡之心，而不是感恩的心？

素食者如只是享用清淨的料理，但是心中想法五味雜陳，那便失去了素食的精神。禮儀環保除從外的身儀、口儀，讓我們能專心用餐，更重要的是也能達到心儀，讓我們的心恢復清淨。用心吃飯，感恩與珍惜每一餐的用餐因緣。

Question

20 佛教飲食的三德六味是什麼？

寺院中午用齋會誦念偈文：「三德六味，供佛及僧，法界有情，普同供養。」「三德六味」正是佛教寺院飲食的基本條件，強調在烹煮時，不但要調味以滋補養身，更要至誠以赴，將恭敬心、清淨心等心意入菜。不只參禪念佛是辦道修行，為大眾烹調飲食也是，不可不慎。

由此可知，烹調的重點不在於料理的內容，而是料理的精神，是否具有「德性」。佛教飲食一定要「三德具足，六味調和」才如法，否則便有失恭敬心，無法真正供養佛與僧。

三德具足

所謂三德，是指料理者應具有「清淨、柔軟、如法三種德性」。

1. 清淨德：注重衛生，除將食材挑選、清洗乾淨，廚房的廚具、餐具也要整潔乾淨。不只是廚房環境要保持清淨，料理者的心也要健康，烹調時不起煩惱念。

2. 柔軟德：以歡喜柔軟心進行烹調，沒有不耐煩的情緒，食物應當柔軟適口，不會過於生硬難嚼或焦黑難嚥。要考慮大眾需求，不能依個人喜好的口味準備料理。

3. 如法德：食物應時合理，製作得宜，不違背戒律。比如使用當令當季食材、不用五辛材料等等。放下自我成見，如法如理進行烹調。

六味調和

所謂六味，是指食物應當具備的「苦、酸、甘、辛、鹹、淡六種味道」。明代高僧紫柏（西元一五四三—一六〇三年）大師在〈示廚文〉一中指出：「蓋淡味爲諸味之體；鹹味其性潤，能滋於肌膚，故味之調者，必以鹽爲首；辛味其性熱，能暖臟腑之寒，故味之辣者爲辛；酸味其性涼，能解諸味之毒，故味之酢者爲酸；甘味其性和，能和脾胃，故味甜者爲甘；苦味其性冷，能解臟腑之熱，故味嗇者爲苦。」各種味道的食物都應該均衡進食，才能保持健康。

紫柏大師說：「三德無闕，六味無失。此等飲食，若觸佛鼻，若入僧口，如嗅旃檀，如飲甘露，五內調和，百毛暢悅，身適心安，顯資色力，冥資心力。色力得資則身康健，心力得資則神無擾，身康健則進道有資，神無擾則觀智易成。凡飲食不如法，則身多病，心多擾。身心既病且擾，而能精進開悟者，無有是處。」可知三德六味的的重要性。

（李宛蓁　攝）

寺院料理者可說是掌握著修行人的性命，紫柏大師甚至認爲如果不依三德六味要求備辦飲食，便與殺人無異：「修行人之性命，實繫於廚中人之手，故廚中人三德不辨，六味不精，謂之牛頭阿旁，殺人無外。」

Question

21

素食可以實踐心靈環保嗎？

心靈環保即是淨化人心，轉煩惱心爲清淨心，所以口淨、身淨、心清淨的素食，是落實心靈環保的實際行動。

素食是落實心靈環保的方法

聖嚴法師指出落實心靈環保有四種方法：一、從情緒的穩定做起；二、從觀念及思想的疏導做起；三、從精神層面的提昇做起；四、心靈環保可以消弭心靈的貧窮。而透過素食的方式，能讓我們實踐心靈環保。

素食的健康飲食習慣，能讓人保持身心愉悅、情緒穩定，帶給他人安定的力量。素食的精神是慈悲護生、衆生平等，會以尊重感恩心對待衆生。素食者透過

（李宛蓁　攝）

素食慈悲不殺，與衆生結善緣，飲食中感恩一粥一飯來之不易，從而也體驗到個人的內心世界與外在世界，是不可分割的。因此，進而提昇自己的精神層面，明白物質生命的短暫渺小，能以平等無私的愛心看待人世萬物，不再爲一己之利而犧牲他人，從根本消弭心靈的貧窮。

從根本問題改起

因爲人心被煩惱汙染，所以環境才會被汙染。改善環境汙染問題，如果僅是保護外在環境，只能治標，不能治本，心靈環保能從人心淨化的根本做起，減少自私的貪欲，擴大關懷的慈心，唯有如此，才能正本清源。

素食能讓我們從每一餐，日積月累慢慢調心，讓心恢復清淨，而推廣素食，則能從改變一個人、一個家庭、一個公司，滴水穿石慢慢改變我們的社會。素食的心靈環保力量，能讓個人的淨化擴大爲全體的淨化，人間淨土便能日漸成形。

Question

22 爲何要慈心不殺，茹素護生？

慈悲是大乘佛教的根本精神，不殺生是因爲慈悲心，而素食就是慈心不殺、護生的展現。

學習慈悲

所有的諸佛菩薩無不發願要救度一切眾生，不忍眾生輪迴六道，流轉生死。菩薩既不忍眾生飽受生死之苦，自然更不忍食用眾生肉，希望能守護眾生平安。例如彌勒菩薩又稱慈氏菩薩，即是因他發心素食，懷有不食眾生肉的廣大慈心。彌勒菩薩是未來佛，而我們發心學佛成佛，也應發心素食，學佛慈心戒殺。

（吳瑞恩　攝）

護念眾生

《楞伽經》中說：「一切眾生從本已來，展轉因緣，常爲六親，以親想故，不應食肉。」在過去無量世中，我們和其他一切輪迴六道的眾生，都曾經有過互爲眷屬的因緣，今天所吃的動物，也許是我們過去的親友，實在於心不忍。

佛教更認爲，一切有情眾生皆具佛性，皆是未來佛，基於慈悲心及對於生命的尊重，當護念一切眾生，不傷害眾生，不吃眾生的肉。

因此，素食不但是守護眾生最直接的方法，也是培養慈悲心，修福培福的好方法，是眞正的自利利他菩薩道。

Question

23

吃素就是吃齋嗎？

很多人誤以爲佛教徒吃素就是吃齋，其實兩者是截然不同的，吃齋的「齋」是佛教徒特有的戒法。

不非時食

佛教稱「不非時食」爲「齋」，因此，過了中午，不再用餐，即是「持齋」，所以持齋並不等於吃素。「齋」字本指清淨身心，愼防身心懈怠，後來，則指不過中食之法，即過午不食，能持守此法者爲持齋。

固定持齋日

持齋的佛教徒會在「齋日」過午不食。持齋日可分三齋日、六齋日、十齋日，例如六齋日是指於農曆每月的初八、十四、十五、二十三及月底最後兩日，持守八關戒齋，過近似出家的清淨生活。而在持齋期間所食的餐飲，或法會時的供養食物，皆稱爲齋食。

雖然素食者未必過午不食，而不能稱「吃齋」，但持齋者必然是素食者。寺院提供大眾用齋，很多人便也將吃素稱爲吃齋。

Question

24

發願吃素可爲親人消災、增壽嗎？

當親人生病時，有些人會發願吃素，希望將吃素的功德迴向給親人，讓病親能夠消災解厄、延年益壽。

素食利益眾生

吃素有益於自己的健康，而且與眾生廣結善緣，爲世間的美好、環境的保護盡一分心力。這樣的功德益處，不僅對自己有利，對他人、整個大環境都有改善的作用。

如果將這份力量迴向給病親，希望爲病親消災增壽，不是沒有幫助，但是這份力量不是絕對的，親人獲得的利益有限。

（李東陽　攝）

分享素食

這是因爲佛法主張依自己的力量，幫助自己修福修慧的，如此也符合因果關係。爲親人發心吃素迴向功德，可以給予祝福的增上力量，卻不能替代親人生病和往生。

發願吃素爲親人消災增壽，是慈悲心的自然流露，若能分享素食，並且進一步鼓勵親人吃素，親人的身心健康將獲得更大的幫助。

3

健康環保護地球

Question

25 什麼是純素、奶蛋素、五辛素？

素食依食用的內容不同，而有不同的種類，根據西元二〇〇九年衛生署所公布的素食種類，可分爲五種：純素或全素、蛋素、奶素、奶蛋素、植物五辛素，依個人飲食習慣決定是否攝食奶、蛋與植物五辛。

素食的五種分類，通常會再簡化爲三類：全素、奶蛋素、五辛素，主要定義如下。

一、**全素**

指食用不含奶、蛋，也不含五辛的純植物性食物。

（李蓉生　攝）

二、**奶蛋素**

指食用植物性食物，不含五辛，但含奶、蛋製品。

三、**五辛素**

指食用植物性食物，但是含五辛與奶、蛋製品。所謂的植物五辛包括「蔥、蒜、韭、蕎及興蕖」五類植物，舉例說明如下：

1. 蔥：包括青蔥、紅蔥、革蔥、慈蔥、蘭蔥。
2. 蒜：包括大蒜、蒜苗。
3. 韭：包括韭菜、韭黃、韭菜花。
4. 蕎：即蕗蕎或薤菜。
5. 興蕖：即洋蔥。

Question

26

宗教素、健康素、環保素的差別何在？

隨著健康與環保意識抬頭，素食者愈來愈普遍，「吃素」已非佛教徒為信仰而吃的專利。以素食的目的來說，大致可分為宗教素、健康素、環保素三類。

一、宗教素

因宗教信仰而吃素，即是宗教素。例如佛教強調慈悲、護生，所以素食是佛教所鼓勵的事，許多人學佛之後，會盡可能選擇素食。

二、健康素

由於健康考量而選擇吃素，即是健康素。從生理結構來看，人類的腸道冗長，容易在體內累積毒素，而罹患疾病，所以人類適合素食，不宜肉食。近代醫學研究更紛紛提出，素食含有足夠豐富的多元營養素，動物性食物反而常含有礙健康的成分，加上畜牧業與漁業產品常有食用安全疑慮，所以有愈來愈多人因健康考量而選擇素食。

三、環保素

為支持環保理念而吃素，即是環保素。環保素者力行節能減碳的生活，為愛護地球環境而素食。環保署公布的〈節能減碳十大無悔宣言〉中的一項即是「多吃蔬食少吃肉」，並發起蔬食減碳活動。週一無肉日的推廣，也帶動社會蔬食風氣。環保素，反映了現代人對環境生態的覺醒與思考。

Question

27 爲何吃素可以救地球？

二十一世紀地球暖化現象加劇，屢屢出現極端氣候、生態系統改變、海平面上升等環境危機，科學家因此提出警示，全球暖化現象正威脅人類生存。地球是人類唯一可以立足的家園，地球需要我們每個人共同愛護，不能只依靠政府與產業界努力，我們個人在對抗全球暖化上，也扮演重要角色。

節能減碳可以減緩全球暖化，低能源、低排放、低汙染的低碳生活，已經成爲全球的健康生活方式之一。畜牧業所排放的溫室氣體甲烷（CH_4），嚴重影響全球暖化。這些溫室氣體，主要來自動物胃腸道內發酵及排泄物處理，肉類的生產、包裝、運輸等所消耗的能量也非常可觀。

（吳瑞恩　攝）

素食是低碳飲食

如果能夠從飲食上減少肉類與乳製品，對於減碳、減緩地球暖化將非常有幫助。物理學家甚至提出解決全球暖化問題最簡單的方法，就是素食，也就是低碳飲食。

所謂的低碳飲食，是指在生產和消費過程中，消耗能量低，排放二氧化碳及其他溫室氣體量少的一種飲食方式，而非限制飲食中所攝取的碳水化合物。

相較於生產高蛋白、高脂肪的肉類食物，生產穀物、蔬菜、水果等食物，能大量減少所消耗的能源和排放的二氧化碳。因此，選擇素食，就是減少碳排放，能夠減緩全球暖化。

素食消弭糧食危機

除了全球暖化問題，由於天災人禍的影響，全世界正面臨巨大的糧食危機，很多國家迫切需要國際糧食援助，許多人都生活在飢餓中，而世界上大部分的穀物，卻是用來餵養做爲肉食的動物，更有廣大的土地、能源是用於畜牧業。

如果能夠減少食肉量，選擇素食，即可節省糧食，同時保護耕地、減少能源浪費。當土地所種植的穀物、蔬菜、豆類直接提供給人食用，將使食物獲得更有效的利用。

Question 28

什麼是週一無肉日？

「週一無肉日」是一個推動低肉品消費、鼓勵素食的行動，於西元二〇〇三年由一群美國學者自發性地籌組團體，發起每週一不吃肉，並長期觀察此作法對健康的影響。

啟動新生活

之所以選在每週一，而非其他日子，是因爲週一是人們想要改變習慣、行動力最強的一天，適合啓動不同的生活方式，做爲一個全新的開始。

「週一無肉日」的行動，除了健康理由，也具有環保意義，從減少肉食，鼓勵素食，以支持減碳生活，間接降低了對整體環境的負面影響。因此，得到了許多國家、團體的熱烈參與，讓蔬食文化造成風行，影響全球。

企業共同響應

在此影響下，不只餐廳推出「週一無肉日」的蔬食餐，很多公司企業也主動帶領上班員工響應「週一無肉日」行動，從而喚醒人人自飲食習慣改變生活方式，以清淨的蔬食開啓嶄新的一週生活。

即使不能完全素食，爲讓身體更健康、生活更環保、地球更美好，也可考慮每日一餐素食，或每週一日素食，也能滴水穿石，功不唐捐。

Question

29 如何環保採買？

飯桌上熱騰騰的菜餚，是滋養身體不可或缺的要素，所謂「人如其食」，吃得新鮮自然，身體就能健康。而由於不同的因緣進入餐盤的食物，也讓我們和世界緊緊相連。透過落實環保理念的採買機會，能用實際行動護念自己、社會、眾生與地球。

環保採買可掌握五大要領：

一、**「四要」守則，避免過度消費**

打折、買一送一、加價購……，面對賣場特價，容易心癢難耐，忍不住採買過多食物。但是貪小便宜，反會因食用不完而造成浪費。採買時，不妨先想想到底是「需要」還是「想要」？是否「能要」和「該要」？避免衝動購物，造成不必要的浪費。購物前可先列出採買清單，如果眞想嘗試新產品，每次購物最好限制在一、二項以內，這樣也能養成好習慣，不會無限度地購買東西。

二、當季食材最新鮮

隨著農業技術的進步，不論在哪個季節，幾乎都可以吃到任何想吃的食材。但是這樣的便利性是要付出代價的，爲了讓作物在不適合的環境也能生長，耕種者必須使用特殊的栽培技術，甚至需要噴灑更多的農藥。產季過後上市的蔬果，往往經過冷凍或噴灑藥劑以延長保存期限，對身體造成負擔。因此，趁著產季享用新鮮可口的當令食材才是最安全的，對環境的衝擊也較小。

三、選擇在地農產品

我們可以在傳統市場、超級市場買到世界各地的農產品，但是爲了讓這些遠

（許翠谷　攝）

道而來的農產品保持完美狀態，並通過各國海關病蟲害檢疫，需要施以防腐、殺蟲、殺菌的化學藥劑，而這些化學藥劑會損害健康。加上進口農產品的長途運輸耗能高，必須付出較高的碳足跡代價，在能源漸少，地球逐漸暖化的此刻，選購進口食品宜三思。如果能選擇在地生產的農產品，將可以縮短食物運送里程，減少碳足跡。

四、避免價錢過低或太高

哪裡便宜哪裡去，是消費者常有的心態，但如果只求最便宜划算，廠商之間必定爭相壓低售價，爲了保持利潤，自然必須在配方與製程做一番調整，用低價原料混充、稀釋。因此，如果產品售價過於低廉，低於應有的成本，最好不要購買。當然，食物並非愈貴愈好，採買時仍須判斷。

五、知道自己買了什麼

有句話說：「不買曾祖母看不懂的東西。」現在的加工產品，如優格、醬料、餅乾等，爲了口感與賣相，並延長保存期限，添加傳統食物所沒有的複雜成分，諸如人工色素、香料、防腐劑、合成甘味劑……。想避免吃進過多、不需要的食品添加物，最好不要吃成分陌生、念不出來，內容多達五種以上，以及含有高果糖玉米糖漿的食物，以免造成身體負擔。至於生鮮食品，在超市或大賣場購物時，可以詳看標示，挑選經過具有公信力的檢驗單位認證，且定期抽檢的產品。另外，有些生鮮食品已有產銷履歷，可用智慧型手機掃描 QR Code，即可看到生產農友的名字、照片、產地，以及作物的生長歷程，食物的來源一目瞭然。

Question

30 如何掌握健康環保的烹調要領？

食材從產地、運銷到端上餐桌前，「烹飪」是很重要的一環。如果食材的料理方式不當，或未善加使用，不僅流失營養，也浪費資源；甚至因烹飪過程中的油煙危及健康、汙染環境。爲了健康、環保等因素，「低碳飲食」正風行，各種節能的烹飪手法也在不斷改進。

烹調時，可以掌握五大要領：

一、節能簡化，自然環保

省時、省事、省能源是「低碳料理」的三項原則，首要是簡化烹調步驟，這樣不但能保存食物原有的真味，還減少能源消耗，有助碳減排。

節能的烹煮方式，以快炒爲優先，再者是蒸煮，最後才是烤箱烘烤。此外，鍋具的選擇、事先處理食材等，都可縮短料理時間，省時又節能。做菜時也要考慮烹調的順序，例如將食材先爆香，接著煎，最後炒，不僅可以減少用油量，也減少洗鍋的次數，一個小動作，就「節能減碳」，而且還少用洗劑、水資源，達到「自然環保」。

二、三少料理，簡單健康

食用油、鹽、糖等調味料若能減少用量較有益健康，也減少碳排放；採用「少油、少鹽、少糖」的料理原則，讓廚房減少油煙，保護健康，而且減少調味品，更可吃到食材的「原味」。採用「三少」的烹飪原則，可從菜式「簡單」下手，能減少烹調能源、時間與調味品用量，更能突出食材原味。

（林家羽　攝）

三、**善用食材，天然調味**

有些人會覺得少油、少鹽、少糖或簡單菜式的口味太清淡，其實只要善用食材的特性，使用天然調味料，清淡飲食也可兼具口感。例如需要添加白醋時，可改用檸檬汁，除了天然的酸度，還有果香；食鹽可選用健康的海鹽，可減少身體的負擔。另外，香草及香料能添加美味，例如九層塔、香椿、羅勒、八角、香草植物等，盡量少用或不用化學添加物。

四、**愛材惜物，感恩大地**

有的素食料理爲了酥脆、香甜的口感，會採用高溫燜煮、糖醋、油炸等「變相」高糖、高脂、高油的烹飪方式，而失去了食物的原味。爲了吃出健康，烹調的方式應少油炸，多用類似水煮、涼拌等較健康的方式。宜用小火（低溫）烹調，以冷鍋、冷油開始料理代替熱鍋、熱油的習慣，因爲高溫、熱油容易讓食材產生質變，如能「以水代油」更能保留食材本身的營養。

在烹調的過程，食材本身才是主角，了解食材的特性，善用食材的特色，不用過多的烹飪技巧或調味品，即能烹飪出食物的原味，讓人吃到自然的「眞滋味」。面對市面上琳瑯滿目的食品，往往讓人忘了「食物」的「本來面目」，我們應該要吃「眞」正來自大地的「食」物，才能與大自然產生連結，生起感恩心。

五、放鬆身心，歡喜烹調

料理不論備菜或烹調都非常勞累，因此在烹調的過程，不管烹飪技巧如何，要不時提醒自己放鬆，許多工作可以事先準備，也可透過化繁爲簡的工序，讓自己有更充裕的時間烹調。烹飪的過程中，懂得惜福、愛物、減碳，珍惜資源，無形中就是在培福，不但是培自己的福，也在爲地球培福。

Question
31

吃素會沒體力，容易肚子餓？

有的人剛開始吃素，會覺得容易肚子餓，這是因爲肉類食物消化不易，留在胃腸道的時間長，讓人感覺較有飽足感。從葷食改爲素食，可能需要一點時間調整，讓胃腸道慢慢習慣，容易肚子餓的情況，就會有所改善。

高纖食物增飽足

素食要能均衡飲食，如果只是不吃肉類，但是精緻的食物食用太多，也會使血糖上升太快，容易產生飢餓感。因此，每餐盡量以粗糙、纖維質高的五穀雜糧爲主食，高纖食物可以延長腸道消化時間，增加飽足感。

另外，可多食堅果類食物，因爲這類食物富含優質油脂與纖維素，可使血糖較為穩定。此外，要避免食用含糖量高的食物，以免血糖起伏過大。

素食運動員體力充沛

許多表現優異的運動員、奪冠的奧運選手，都是素食愛好者。均衡的素食不但不會影響運動選手的表現，沒有因運動量大而產生體力不足的問題，反而能為運動員的耐力、爆發力加分。

32 如何避免不健康的素食方式？

現代人健康概念、環保意識抬頭，除了因宗教信仰而吃素之外，素食人口已愈來愈多；但有些素食者還是脫離不了「三高」指數（高血壓、高血糖、高血脂），此時應該檢視自己的飲食習慣，眞的吃對素了嗎？還是掉入素食陷阱而不自知！

以下是常見的錯誤素食飲食習慣：

一、用油過量

料理要避免使用高溫油與劣質油，才不會影響健康。有些素食料理爲了美觀、口感，烹飪時常用高溫炸炒，用油量往往過高，烹調的溫度也過高，這會導致維生素等營養素流失，更會吃入過多的油脂。另外，油品的選擇也很重要，應該針對不同的烹飪方式，選擇不同燃點的油，才能確保健康。

二、蛋白質攝取量過高

許多人擔心素食容易營養不夠，所以會補充許多營養素，卻導致攝取過多的蛋白質。豆類是素食主要的蛋白質來源，加上素食料理中常有大量的豆類再製品，若食用過量，蛋白質的攝取容易偏高。對素食者而言，蛋白質的來源最好能食用多樣化的豆類，營養才均衡。

三、素料用量過多

素料種類以豆類製品最多，再者是素肉製品（豆類再製品），以及蒟蒻製品。素食料理爲了接引葷食者，會使用許多素料入菜，尤以素食餐廳更常見，宴客時，幾乎道道是「象形素食」，也就是名字、形狀、味道都極像葷食的素料，蔬菜反

（王育發　攝）

而成了配角。這些素料要保存三至六個月，甚至一年，往往需要加入食品添加劑來延長保存期限與增加口感。另外，素料還有鈉含量偏高，以及摻入葷食等風險，爲健康著想，最好愼選或盡量避免吃素料。

四、調味料過多

素食料理爲了增加口感，常會添加許多調味料，其中也包含了添加物，尤其以糖類、油脂最常見，還有食用色素、甜精等。以豆漿爲例，廠商爲了豆漿的賣相，在製作過程中會加入消泡劑、雙氧水，長期食用有礙健康，選購時要看清標示，或選擇值得信賴的店家。

素食，最好選擇自然的食物，吃出食物的原味，避免因重口味，而吃進了額外的添加劑、調味料，增加身體的負擔。掌握「吃食物不要吃食品」的飲食要素，就可以吃出健康來！

Question 33

素食者生病時如何調養？

病人的身體因爲虛弱，醫生常會囑咐要多吃魚或喝雞湯來補身。特別是在手術後，親朋好友探病也會贈送雞精、蜆精補品。這些囑咐和關懷，常讓素食者感到徬徨，不知病中是否仍要堅持素食。

素食富含生理修補所需養分

病人的身體機能尚未復元前會很孱弱，特別是如果剛動過手術，更要留意飲食調養。因此，提供病人所需的飲食有兩大重點，首先是選擇富含生理修補所需營養的食物，爲了幫助術後傷口的癒合，更需要比較高的蛋白質、熱量，以及各類維生素；其次是選擇容易消化吸收，能夠保持腸胃消化順暢的食物，否則營養的食物吃得再多，如果無法消化吸收，不僅不能攝取到所需養分，反而會讓食物在胃腸中腐敗或是造成腹瀉，而成爲身體的負擔。

請營養師協助規畫素食料理

素食含有優質的植物性蛋白質，以及各種礦物質、維生素等，具有豐富的膳食纖維，適合協助病人修補身體，恢復元氣。也可以請醫院的營養師協助規畫素食料理，營養師會依據病人不同的病情、身體狀況做考量，建議病人調整飲食的方式。

Question

34 外食族如何素得健康？

現代人生活忙碌，多半無暇自己在家烹煮，無論是上班族、學校師生，三餐皆在外飲食的比例高。但是面對食安問題紛擾，加上外食大多過油、過鹹，不免讓人憂心。有些外食族改變飲食習慣，選擇素食，倒是化解不少身心的負擔。

安心素食健康吃

食安問題從口入，來源有的是動物性油品，有的是肉類製品；而素食相對減少了食安問題危害的可能，讓人可以吃得更安心，又能攝取到豐富營養。

外食族如何吃得健康？可以掌握外食原則：三餐規律吃、多穀多蔬果，以及減少油、糖、鹽。盡量以粗糙的全穀類為主食，選擇五色蔬果，每餐至少兩種以上；

餐後以新鮮水果代替飲料；少油、低糖、低鹽，便能照顧外食的飲食均衡問題。

膳食纖維要豐富

外食族要留意攝取高膳食纖維。素食料理中，如雜糧、蔬菜、水果、豆類等食物，均含有大量膳食纖維。膳食纖維是腸道好菌的主要營養源，能促進腸道的清潔，有助腸道的蠕動，減少有害物質的停留時間，想要維持身體的正常代謝，膳食纖維不可或缺。

含有豐富膳食纖維又營養的素食料理，能輕鬆爲外食族解油膩、減少疾病，讓身心更加清爽。

（吳瑞恩　攝）

Question

35

兒童、青少年適合素食嗎？

成長中的兒童、青少年快速成長，體重逐漸增加，即使是長年茹素的父母，也難免憂慮素食是否能提供孩子足夠的營養？

素食營養豐富

只要飲食均衡、不偏食，素食的豐富營養，可以因應發育中的兒童、青少年所需。現代的孩子多數是飲食無虞，甚至很多是過胖有礙健康的，容易罹患疾病。有的父母會擔心素食的孩子體型可能偏瘦，其實只要身體健康成長，不需要過度擔憂。

素食的兒童與青少年，不食用富含動物性荷爾蒙的食物，有的人青春期可能會較同齡友伴遲來，但不影響之後的發育。只要營養均衡，孩子的身體不但少了肉食的負擔，不易躁動，能專注學習，頭腦也更靈敏聰慧。

學習護生，尊重生命

孩子通常都會喜愛小動物，如能提供孩子一個健康素食的成長環境，從小便能從日常飲食習慣中，自然而然學習護生，滋養慈悲，進而懂得尊重他人，珍惜生命。

Question

36 孕婦吃素會營養不夠嗎？

對素食的孕婦來說，家人們最期待的就是母子健康平安，但往往不知該如何協助調配飲食。

素食也是胎教

孕婦的營養攝取是「一人吃，兩人補」，只要掌握均衡飲食，並參考相關營養專書的建議，擁有各類營養的素食，可以滿足孕婦與胎兒成長所需。

懷孕期間的胎教尤其重要，有些孕婦會選擇聽音樂、看書、誦經、持咒等方式，而素食也可以說是一種胎教。孕婦可抱持著與眾生結善緣的心茹素，虔心爲胎兒祈福，盼能消除障礙、增福增慧，孕婦的心也因此而安定放鬆。此時，胎兒不僅從母體攝取養分，更能與母親心連心，可以感受到母親的關愛之心。胎兒受到母親的影響，不但能穩定成長，個性也較體貼乖巧。

歡喜坐素月子

中國傳統認爲婦女生產是對身體的大損耗，需要透過坐月子進補來調養。而坐月子的傳統常見補品麻油雞，往往最讓素食產婦左右爲難，未素食的親友會擔心素食營養不夠提供哺乳所需營養，甚至有些長輩不放心寶寶吃素母乳。其實，經過用心規畫的素月子餐不僅營養美味足以因應哺乳所需，而且少了油膩與高熱量，既能避免產後體態改變，也能讓產婦保持身心的輕鬆愉快。

Question 37

銀髮族適合素食嗎？

銀髮族因爲身體機能逐步走下坡，不適合重口味的飲食，所以特別適合素食。素食可以幫助銀髮族透過飲食，調整新陳代謝，緩和身體老化速度。

銀髮族飲食宜清淡

由於老年人的身體機能逐漸退化，代謝功能緩慢，味覺不靈敏而讓飲食口味愈來愈重，也不愛咀嚼，所以肉食不利於養身。富含膳食纖維的素食，非常適合老年人，有助於消化吸收，減少體內代謝物的堆積，增強免疫力，而老當益壯。

中國傳統醫學主張多用清淡素食，少用肥膩厚味，以益健康。唐代藥王孫思邈曾說：「食之不已爲人作患，是故食最鮮餚務令簡少。飲食當令節儉，若貪味傷

（法鼓文化資料照片）

多，老人腸胃皮薄，多則不消。」建議要少吃葷食，勿因貪鮮味而傷身體，尤其是老年人的消化吸收功能較弱，需要特別留意。孫思邈並說：「老人所以多疾者，皆有少時春夏取涼過多，飲食太冷，故其魚膾、生菜、生肉、腥冷物多損於人，宜常斷之。」由此可知，銀髮族的最佳飲食方式為素食。

陪伴家中長者一起用餐

素食除了提供老年人必須的營養之外，溫和的飲食更有助於心情的平和穩定。而許多長壽的銀髮族分享健康的祕訣，好心情往往是必要條件。如果想要鼓勵家中老人吃素，不妨陪伴著一起用餐，在溫馨和樂的氣氛下，分享健康的素食觀念。老人家開心愉快，胃口自然常開，而能健康長壽。

4

安心素食好食在

Question

38

吃素爲何不能喝酒？

只要是佛教徒，無論是出家衆或在家衆，都必須持守不飲酒戒。雖然酒的本身，並非罪惡，但是飲酒能使人犯戒，所以凡是佛教徒，均應戒酒。

飲酒過多易昏亂

佛教重視智慧，而飲酒過多，容易刺激神經，使人亂性，失去理智，造作狂亂行爲，都可能發生，讓人後悔莫及。爲了保持清明心，利於精進的修行，應該戒酒。

飲酒之後，難免渾身酒氣。帶著酒氣參加共修活動，會有失威儀，並影響他人。即使是自己在家念佛、禪坐，酒臭味重也不易安定身心。因此，戒酒是自利

（吳瑞恩　攝）

利他的行爲，有助修行。

治病用酒非貪杯

雖然佛教徒不得滴酒沾唇，但是如果遇到非酒不能治癒的疾病，或是特殊情況需要以酒救度人，可以方便破例，以救治爲主。但是不能爲貪飲杯中物，或打發排遣時間，而以治病爲由飲酒，那便是犯戒。

Question

39

全素者爲何不吃蛋、奶？

蛋與奶的營養成分高，食用蛋、奶也不需要殺生，但是全素者不會食用。

蛋類腥味重

蛋類由於它可以孵成雛雞，應該是屬於腥類，而且它的味道就是腥味，持素清淨者最好不吃。儘管現在養雞場所產的雞蛋很多都是無性的，沒有生命的，但顯然並非植物，從殺生的立場來說，吃無性卵雖非犯戒，但全素者宜盡量避免食用。

慈悲憫眾生

至於奶製品，既不屬於肉類，也不屬於腥食，因爲牛羊吃草與五穀，所產的乳汁不含腥味。飲乳沒有殺生，也不妨礙牛犢、羔羊的飼育，在佛陀時代，也是普遍飲用牛乳，甚至將乳製品分為乳、酪、生酥、熟酥、醍醐等五類，列為日常食品。照理來說，應可飲用。但是由於現在社會對乳製品的需求過大，使得畜牧業採密集式採乳，忽視動物本身的生理狀況，所以基於慈悲護生的立場，考量乳品來源與畜養方式是否符合自然原則，所以有的素食者不飲用。

Question

40 爲何蔥、蒜是植物，卻屬於葷食？

蔥、蒜是植物，不是動物，爲什麼會被歸爲葷食呢？蔥、蒜都具有保健養生的功效，是很健康的食材，爲什麼素食者不能食用呢？

葷食非指肉食

很多人以爲葷食指肉類，指動物的血肉之食，其實「葷」字從草字頭，本身就是指植物，「腥」字從「月」旁，才是指肉類。「葷」食的意思，是指具有強烈刺激性氣味的植物，如蒜、蔥、韭、蕎、興蕖等五辛。

素食者不食蔥、蒜，主要有兩個原因，一是因爲葷菜具有強烈的刺激性氣味，食用後會使人口氣惡臭，進而影響他人。二是葷菜生食生瞋，熟食助淫。葷菜具

（吳瑞恩　攝）

有興奮刺激的作用，會使人難以安定心神。禪修者如食用葷菜，會很難調伏亢奮的心。

難以安定心神

此外，可以試想如果食用蔥、蒜，不論是前往寺院參加念佛共修、法會共修，或是爲往生者助念，沾染一身的蔥、蒜臭味，可能尚未開口，已讓他人想要退避三舍。自己可能不在意，但是臭氣熏人，會讓別人難以專心誦念。即使是漱口刷牙，蔥、蒜腥臭的味道還是難以消除，不易讓口氣恢復清新。

因此，即便非素食者，爲尊重寺院道場，前往參訪或參加活動時，最好能選擇無蔥、蒜的純素素食。

Question

41

植物也有生命，吃素爲何不算殺生？

素食者不食動物肉，但是植物也有生命，是否也不該傷害植物？難道吃素不算殺生嗎？

生命有層次之分

其實，生命有層次之分，植物沒有情識活動，屬於「無情衆生」，而動物有情識、血肉，有六道輪迴，屬於「有情衆生」。衆生的生命，可分爲三級，高級的爲人類，具有三個條件：一、有活的細胞；二、有神經的反應；三、有思想與記憶。

中級的是高等動物，如狗、猴、馬、象等，有記憶力，但沒有思想力。低級的爲植物，只有活的細胞，沒有神經和記憶，雖然有生死的反應，卻沒有苦樂的感覺，更沒有思想及記憶，所以稱爲「無情」。

至於下等動物，除了神經的本能反應，沒有記憶和思想，既然有神經就有痛苦，就會怕死。因此，蟲蟻都會本能地知道逃避死亡的危險，植物卻不會。

因此，殺生的界定，是針對能夠知生怕死的動物，而不及於植物。

佛陀時代，佛要比丘不可砍伐草木，是因爲低級的鬼神會依附在草木上，以草木爲庇護；爲了慈悲鬼神，不使鬼神起瞋恨心，所以不破壞其居處，並非爲了草木不可殺的理由。

生命沒有貴賤之別

佛教素食者不吃衆生肉，重點在於衆生平等的慈悲精神，一切衆生都有生存的權利和自由，我們自己怕受傷害、畏懼死亡，衆生也是如此。

衆生的類別雖有高低不同，但生命不分貴賤、尊卑，如果人人懷抱著平等、慈悲的精神，我們的世界一定能和諧、和平、互敬、互愛。

（吳瑞恩　攝）

Question

42

食用「三淨肉」便不造殺生罪業？

剛開始吃素的人，尚未適應素食時，通常會先吃三淨肉。

三淨肉的條件

三淨肉具備三種條件，包括眼不見殺、耳不聞殺和不為己所殺。如果看見漁夫殺魚，或在餐廳聽見雞被宰殺的聲音，或到親戚家作客時殺雞宰鴨特別款待，這些便是不該採買、不能食用的不淨肉。三淨肉的用意是，不能讓眾生因自己要食肉而被殺。

托缽無法選擇食物

雖然佛陀同意原始佛教的出家人，可以吃三淨肉，但那是萬不得已的方便，絕對不會鼓勵人們食肉。因爲那時的出家人飲食方式爲托缽，信徒供養什麼就吃什麼，對於葷素菜餚，心中不起分別，對食物沒有執著。

食用三淨肉即使無意殺生，但仍有食肉的業力。三淨肉雖非親自動手宰殺，但如無食肉者，動物便不會因此喪命，因此無法避免殺生的共業。要徹底遠離殺業，最好的方式還是選擇素食。

Question

43

素食不殺生，爲何卻做素雞、素鴨？

素食中有不少素雞、素鴨等料理，不只味道與葷食相近，並且使用葷食形狀來定型，讓人有眞假難辨之感。

接引社會大眾素食

之所以要仿葷食做素料理，與早期中國傳統的祭祀有關，素雞、素鴨、素鵝等素三牲料理，方便拜拜祭祀之用。原意是希望以素食料理取代宰殺動物祭祀神明祖先，誠心敬意不減，且更清淨。

此外，爲接引一般社會大眾願意素食，以及初學佛者能很快適應素食口味，所以很多仿葷食的素料理因此而發展起來。當習慣的葷食菜式都能轉爲素食，素

（李宛蓁　攝）

素食不殺生，為何卻做素雞、素鴨？

食者比較不會因此又回到葷食。

習慣素食的天然風味

然而，在素食一段時日後，就能逐漸感受到天然素食的美味與健康，口味也會變得比較清淡，習慣食用天然的食材，不需要仿葷食的口味。

現代的新素食觀念，重視使用當令當季的天然食材，以及健康的烹調方式，發揮巧思創作料理。不使用葷食名稱做料理，更能展現眞正的素心、佛心。

Question

44

誤食葷食怎麼辦？

全素者在外用餐，或是收受親友贈送的食品，多多少少難免遇到誤食含有動物成分，或是酒類、五辛成分食物的尷尬情況。誤食葷食後，有的人的心裡可能會覺得不舒服，不知該如何是好，甚至會產生愧疚感。

過度執著清淨反成煩惱

素食的目的是爲讓心清淨，不宜過度執著清淨度，反而成爲作繭自縛的人，時時擔憂自己吃得不夠純淨，而無法自在飲食。

當然，這並非說完全不必在意誤食葷食，不能以此爲藉口，一邊吃素食，一邊想葷食，認爲偶爾開開葷沒有關係。只要心一懈怠，很可能從不在意誤食，漸漸又恢復肉食的習慣。

不要耿耿於懷

在知道誤食葷食的時候，如果覺得有罪惡感，可以默默在內心懺悔自己不小心誤食，坦然面對與承擔即可。如果是誤食動物成分料理，也可以在心裡祝福牠們不再輪迴畜生道，有機會往生善道，修學佛法。

只要不是故意吃葷，誤食葷食不是罪過，不用因此耿耿於懷。

Question

45 中、西藥如含有動物成分，素食者可吃嗎？

在就診時，應先告知醫師自己是素食者。如此一來，醫師便不會開立含有動物性成分的藥方，如果眞有醫療需求需要，也會先徵詢使用意願。

戒律中雖然沒有明確規範不能食用含動物性成分的藥方，但是最好盡可能避免，盡量以非動物性成分取代含有動物性成分的藥方。

但是，如果疾病非此藥不能醫，萬不得已時，宜以身體爲重，配合醫生的治療建議。懷抱感恩心，感恩衆生奉獻生命助己療病，解除病苦，並更精進修行，以報衆生恩。

（吳瑞恩　攝）

Question

46

家人反對素食該怎麼辦？

如果全家只有自己一人素食，剛開始吃素時，可能會感到困難重重，因爲家人常會詢問：「非吃素不可嗎？今天可以陪我們一起用餐不吃素嗎？」或是擔憂攝取的營養不足，或是不知如何煮素食，由於各種原因而反對。

幫助家人了解素食益處

家人會反對吃素，往往是因爲對素食的了解不多，或是覺得另外準備素食不方便。此時，不必急於一時希望改變所有的現狀，而是以維持與家人的和諧相處爲優先，可以先與家人溝通說明爲何選擇素食，分享素食的益處，化解他們的疑慮。如果能自行準備素食，或是爲全家人烹調素食料理共享，便能分擔廚房工作，及讓家人感受素食的優點。

堅定吃素的願心

如果因緣實在不許可，則配合家人的飲食，但堅定吃素的願心，飲食盡可能選擇素食，慢慢與家人建立良好溝通，讓他們感受到修行讓自己的心變得更柔軟體貼。時日一旦久了，家人看到因修行所產生的改變，可能就會成全這樣的願心，不再堅決反對。

（吳瑞恩　攝）

Question

47

素食者可以幫家人煮葷食嗎？

很多家庭主婦在學佛後，希望不再烹煮葷食，全家人能夠一起素食。但是家人日積月累的飲食習慣，不太可能在一夕之間改變，即使同意學佛者可自行烹煮素食，但仍希望能爲全家人下廚烹煮葷食。

尊重家人的飲食習慣為先

素食的目的，是爲了培養愛護衆生的慈悲心，照顧家人的飲食，也是一種慈悲。如果家人堅持葷食，當下的因緣難以改變，不妨以尊重家人的飲食習慣爲先，讓家人感受自己照顧家庭的用心，在料理之中，可試著分享幾道美味可口的素食，久而久之，受到關愛的家人會因此而感動，慢慢地開始接受素食。

即使需要料理葷食，仍可與家人做溝通，希望他們不要食用需要親自宰殺的動物肉。如果能一週至少一天或兩天不食肉，或是能夠早齋更佳。

念佛祝福

在爲家人準備葷食時，不得已需要買肉、切肉、煮肉，心中難免覺得難受，此時可以虔心爲衆生默念佛號，祈願衆生少苦少難，往生淨土。

Question

48

在外素食不方便，可以吃方便素嗎？

在外用餐有時不易覓食，會發生找不到素食餐館的情形，有人只好選擇方便素，在葷菜中挑選非肉類食物來吃。

視因緣情況而定

選擇方便素的目的，是讓自己方便，也讓別人方便，隨緣自在。對於尚未吃全素的人來說，方便素是漸進素食的過程，先從肉邊菜開始，逐漸遠離肉食，直至完全吃全素。如果因工作或生活而不便素食，可以視情況選擇方便素，不造成自己與他人的困擾。

但對於長年全素者來說，因身體已習慣素食，葷食氣味可能會造成身體種種不適，即使因故需要方便素，身體也無法勉強配合食用。最好能隨身自備一些素食小點心，已備不時之需。

出國預先做準備

至於出國的長途旅程，目前飛機都可以提供素食餐，機上茹素不會造成困擾。如是參加旅行團，一般旅行社都會在行程資料內先說明能否提供素食，可事先詢問。如是出公差或是自助旅行，現在網路資訊發達，素食者可在出發前，先上網查詢素食餐廳。

最安全的方式，是在旅行箱內先準備素食泡麵、餅乾點心，或是沖泡式即時湯品、粥品。不過，即使進入葷食餐館，仍可詢問餐廳能否提供素食的需求，可能會有意外的驚喜。

（吳瑞恩　攝）

成就素食習慣不容易，如果貪一時之便，很可能因破例而最終放棄素食。因此，究竟能不能方便素，不妨反問自己：「究竟是需要，還是想要？」修行即是修心，心無罣礙，才能眞正隨緣自在。

Question

49

素食可避免刀兵劫，帶來世界和平嗎？

刀兵劫是眾生所造的殺生共業，殺生太多，不免引起戰爭，而相互的殘殺與鬥爭，會招致兵荒馬亂的劫難。如同宋代願雲禪師的〈戒殺詩〉說：「千百年來碗裡羹，冤深如海恨難平；欲知世上刀兵劫，試聽屠門夜半聲。」動物被宰殺時，會充滿恐懼與瞋恨，這些怨氣會化為毒素，隨著飲食進入人體，產生暴戾之氣。素食能化解人的暴戾之氣，調柔身心，護生培福，避免感召刀兵劫的果報。

脫離生死輪迴

從因果觀念來看，《楞嚴經》說：「以人食羊，羊死為人，人死為羊；如是乃至十生之類，死死生生，互來相噉，……汝負我命，我還汝債，以是因緣，經百千劫，常在生死。」在無量的生死輪迴中，我們現在暫得人身，而在過去生可

（張繼高　攝）

素食可避免刀兵劫，帶來世界和平嗎？

能是人們的鍋中物，未來也可能成爲碗裡羹。只有不相互食噉，出離生死，才能脫離這樣的輪迴。

無畏布施能健康長壽

佛法中有一種「無畏布施」，意即當衆生感到害怕時，幫助對方消除恐懼心，如此能得健康長壽的福報。素食即是無畏布施，因爲能讓衆生心生安穩，知道你不會傷害生命，而遠離恐懼。

少點肉食，便少了與衆生結怨的機會；少有結怨，便少一分戾氣，避免刀兵劫。沒有了人禍戰亂，人間就如同佛國般平安吉祥，世界自然和平無爭。因此，素食能爲世界和平盡一分心力。

Question 50

爲什麼有人初一、十五要吃素？

每到農曆初一、十五，就是許多阿公、阿嬤吃素的日子。佛教雖鼓勵人基於慈悲心、平等心素食，卻沒有特別專指在初一、十五吃素，所以民間初一、十五吃素的習俗，與佛教沒有關係。

齋戒養心，以示警惕

探究其源頭，中國民間流傳初一、十五吃素的習俗，可以上溯至夏、商朝時期。相傳在乙卯日時，夏桀王被商湯所滅，而甲子日時，商紂王自殺身亡。後來的諸侯臣子們皆引以爲鑑，並且認爲「甲子日」、「乙卯日」是兩個對國君不吉利的日子，稱作「忌日」。

於是逢此「忌日」，國君不飲宴奏樂，諸侯們也節儉寡欲，齋戒養心，以示警惕；如此上行下效，民間也跟隨仿效，逐漸演變成「朔望齋」，也就是每逢每月初一、十五日的吃素日。

全家的幸福餐桌

雖然農曆初一、十五素食的源頭，與佛教沒有關係，但是如果阿公、阿嬤或家人，能試著從農曆初一、十五開始素食，逐漸轉爲每日用早齋，再慢慢改變三餐的飲食習慣。在用餐時，以茹素的慈悲心、光明心，祝福自己與全家人身心平安，也感恩能有機會以素食與衆生廣結善緣。家中的餐桌，就會是爲全家人帶來眞正幸福的餐桌！

（李宛蓁　攝）

學佛入門Q&A 10

素食50問

50 Questions about Being a Vegetarian

編著	法鼓文化編輯部
攝影	王育發、李東陽、李宛蓁、李蓉生、吳瑞恩、林家羽、周禎和、許翠谷、張繼高、鄧博仁
出版	法鼓文化
總監	釋果賢
總編輯	陳重光
編輯	張晴、林蒨蓉
美術設計	和悅創意設計有限公司
地址	臺北市北投區公館路186號5樓
電話	(02)2893-4646
傳真	(02)2896-0731
網址	http://www.ddc.com.tw
E-mail	market@ddc.com.tw
讀者服務專線	(02)2896-1600
初版一刷	2016年12月
初版三刷	2019年12月
建議售價	新臺幣160元
郵撥帳號	50013371
戶名	財團法人法鼓山文教基金會—法鼓文化
北美經銷處	紐約東初禪寺 Chan Meditation Center (New York, USA) Tel: (718)592-6593 Fax: (718)592-0717

法鼓文化

國家圖書館出版品預行編目資料

素食50問 / 法鼓文化編輯部編著. -- 初版.
-- 臺北市 : 法鼓文化, 2016.12
面； 公分
ISBN 978-957-598-733-6（平裝）

1.佛教修持 2.素食

225.87 105020375